LES
CONSEILS
DE 1828.

POLITIQUE EXTÉRIEURE.

PARIS,

A. PIHAN DELAFOREST,

IMPRIMEUR DE MONSIEUR LE DAUPHIN ET DE LA COUR DE CASSATION,

Rue des Noyers, n° 37.

1829.

Malencontreuse vérité! Comment se fait-il que, pour la faire entendre, il soit toujours, ou trop tôt, ou trop tard? trop tard sans doute quand tout est consommé; mais pourquoi trop tôt, alors qu'il y a moyen de prévenir.

Ainsi en 1828, vainement la vérité fut publiée : il a fallu que l'impassible doigt du sort vînt la démontrer en longs traits de sang.

Ainsi en 1829, la plus terrible leçon, mal ancrée dans la mémoire qui manque de fonds, s'effacera vite, sera perdue pour l'avenir.

En rappelant les conseils du passé, non sans exposer en tête l'état présent des choses, l'intention est bien moins de faire remarquer comment par défaut de sens ou par manque de cœur, le mal a été abandonné à son libre cours, que de faire comprendre, à l'annonce des phases analogues dont menacent les temps, comment il est possible de conjurer le péril.

Par deux fois, ce sera encourir le ridicule de s'être donné une opinion, d'avoir donné son opinion, au sujet des plus graves questions politiques.

En tout cas, un tel ridicule se tient loin sans doute du scandale de ces pamphlets quotidiens qui, s'étant mis aux gages de la cupidité ou à la solde des ambitions, se refusent à adopter une opinion quelconque et ne craignent point de soutenir les thèses les plus contraires.

Tant qu'il leur sera laissé d'exercer on ne sait quelle influence aussi honteuse que funeste, jusqu'au sein des cabinets; quelque débile que soit la voix, quelque impuissantes que soient les paroles, elles ne s'enseveliront pas sous le silence.

D'abord, est advenu le protocole de Londres.

« Comment, s'écrie-t-on , est - ce donc que
« l'Etat de Grèce sera confiné sous les limites de
« la Grèce antique ? Est-ce donc que le prince
« rendra hommage, paiera tribut au ci - devant
« souverain ? Quelle infamie! quelle atrocité ! »

Mais la Grèce n'est pas en force de soutenir la
lutte à elle seule ; mais la Turquie vient d'accomplir une campagne glorieuse pour ses armes ; mais
la Russie sera peut-être battue encore, peut - être
réduite à désirer la paix.

Or qu'arriverait-il ? Voyez la France qui s'est
déja aliéné de vieux amis par le combat de Navarin et par l'expédition de la Morée, prise en
haine par les Musulmans, mise en guerre avec les
Musulmans.

Voyez l'Angleterre qui, dit-on, ne se nourrit
que de perfidies , ne se soutient que par artifice,
se rallier à la Porte, abandonnant sa rivale pous-
sée à travers les périls, ou même s'allier avec la
Porte pour tomber à l'improviste sur la victime
marquée d'avance.

Voyez l'Autriche qui, dit-on, couve depuis

long-temps les vengeances et peut - être les cons-
pirations, attiser les feux de la guerre, machiner
en secret contre la France : tandis que la Russie,
temporiseuse de caractère et marchant d'un pas
lent et constant vers ses projets favoris, se ré-
jouit de voir s'épuiser dans de vains combats,
et la Turquie dévolue à être sa proie, et les
puissances prédestinées à la couvrir de leur égide.

Maintenant, c'est la paix qui survient.

La paix au-dehors : tel est le cri auquel un écho
instinctif que ne peut étouffer la conscience, dont
il faut empêcher les sons d'être répercutés, répond :
et la paix au-dedans.

Tous les espoirs sont donc détruits.

N'était-il pas entendu que la Russie, en dépit
de son manifeste, s'assujétirait, s'approprierait
l'empire ottoman ; et qu'ainsi l'Angleterre, surtout
l'Autriche, peut-être même la France, allaient se
mettre en mouvement, soufflant la flamme devant
leurs pas, laissant l'incendie s'allumer en arrière.

La Russie a trahi des plans aussi loyaux que
sensés : le traité ne respire, ni l'esprit de vengeance au sujet des premiers revers, ni l'esprit
d'orgueil au terme extrême du triomphe.

Qu'elle soit abandonnée à son mauvais sort !
Impérieuse, on eût exalté sa grandeur d'âme ; gé-
néreuse, on l'accusera de perfidie, de violence.

« C'en est fait, l'empire ottoman n'existe plus : la Russie abusant de la victoire, foule Constantinople sous un de ses pieds, et avance l'autre pied pour écraser les Indes.

« A peine faut-il jeter un coup d'œil sur les stipulations du traité apparent.

« L'empire ottoman conservé dans son intégrité, sauf quelques ports de la mer Noire, quelques îles du Danube : et du reste, le libre passage du Bosphore pour toutes les nations, l'exécution des anciens traités en faveur des principautés, l'adhésion au protocole de Londres à l'égard de la Grèce; la garantie aux sujets russes contre le jugement du sabre, enfin la retraite des troupes, après l'exécution des clauses convenues.

« Qu'on ne s'y trompe pas! ce ne sont que des mots; un ou deux ou trois traités secrets contiennent le vrai sens.

« Certes la Russie fût trop bien éduquée, à la grande école du vainqueur de l'Europe, pour restituer un empire duement conquis.

« La Turquie est, de fait, effacée de la carte de l'Europe. »

Voilà le mensonge, et voici la vérité :

Ce n'est pas que la foudre dévastatrice ait été lancée, réduisant la Turquie en cendre.

Seulement l'éclair précurseur est apparu, répandant la plus vive lumière.

Il est vrai, l'empire ottoman n'existe plus; non pas depuis le traité, mais avant le traité; non pas de l'ordre d'un homme, mais par l'ordre des choses.

Et la Russie sera bientôt tentée de reprendre ses terribles armes, et de même l'Europe sera appelée à suivre enfin les sages conseils.

Au lieu de cette résignation timide, de cette honteuse abnégation, dont les cabinets ont fait preuve, en applaudissant à la levée de bouclier, en s'interdisant la neutralité armée; maintenant l'effroi, l'épouvante, arrivant encore à propos, détermineront à résoudre diplomatiquement la question turque, à signifier l'arrêt, à la tête des forces européennes.

C'est ce que vient d'apprendre l'année 1829 : c'est ce que doit accomplir quelque année peu distante, sous les auspices ralliés des deux puissances les plus formidables, les moins redoutables; l'Angleterre sans doute et la France aussi, sauf toutefois que le pouvoir n'y tombe aux mains de ces gens, que la paix au dehors, que la paix au dedans, tuent.

La paix est faite. Il faut en tirer parti contre qui de droit. Mais dans quel sens, par quel mode? Cela est moins clair; aussi cela est assez égal. Crions tous et crions haut; si les voix ne sont pas à l'unisson, le bruit, le fracas n'en sera que plus étourdissant.

« Nous aimons mieux, dit celui-ci, laisser le
« champ libre à la Russie. Elle dicte la loi à Cons-
« tantinople; elle la dictera aussi en Grèce... Faire
« des sacrifices au profit des autres, voilà le rôle
« qui nous échoit, qui nous échoiera toujours. »
(*Courrier* du 9 octobre).

« Que ferons-nous donc, s'écrie celui-là. Eh !
« que pouvons-nous faire ? La Russie qui avait
« un si grand besoin de nous l'année dernière,
« la Russie qui nous a trouvés si tièdes et si
« tremblans, ne s'en souviendra-t-elle pas?» (*Débats* du 9 octobre.)

Qu'on ne parle plus du comité occulte, où les gérans des journaux, réduits au métier de protes, iraient quêter la pâture quotidienne de leurs habitués : c'est le même jour que le ministère, soit celui qui est, soit celui qui fut, se voit dénoncé; d'une part pour avoir fait trop de sacrifices à la Russie, et pour la laisser libre de dicter la loi; d'autre part, pour ne l'avoir pas aidée dans un si grand besoin, pour s'être montré si tiède à son appel.

Passe encore la première version! La France est grande, et forte, et riche; qu'elle fasse l'aumône! au moins il y a quelque gloire!

Mais pour Dieu, que cette même France ne regrette pas de s'être montrée si tiède à servir qui que ce soit; ne craigne pas qu'il en soit gardé souvenir par qui que ce soit.

« Comment, répond la presse courroucée, vous ne comprenez donc pas? vous ne lisez donc pas? N'avons-nous pas dit naguère :

« Le dernier ministre fit l'expédition de la
« Morée, sollicitée par la Russie et tolérée avec
« dépit par l'Angleterre. Pendant la première
« campagne, il continua d'adhérer à la politique
« russe.... Et c'est le moment où l'empire turc
« va se dissoudre, que choisit le cabinet français
« pour se séparer de la cause russe, dont la
« France avait préparé le succès. » (*Débats* du 26 août).

« N'avons-nous pas dit et redit mainte et mainte fois, qu'ainsi, et seulement ainsi, la France rentrerait enfin dans ses limites naturelles : au moyen de ce que, par suite de nos services et de nos sacrifices, la tendre et reconnaissante Russie, en premier lieu se saisirait du Hanovre pour le livrer à la Prusse, laquelle se dessaisirait des provinces du Rhin pour nous les restituer; en second lieu, investirait les Pays-Bas de quelques

contrées encore peu connues, à la charge de jeter à nos pieds les dépouilles de la riche Belgique. »

On ne peut le nier, l'affaire était bonne;

Sauf toutefois que certains moralistes, fâcheux
de caractère, vinssent à se choquer, que la vieille
France, en se métamorphosant en France nouvelle, eût passé en même temps des habitudes de
la fidélité à l'usage de la déloyauté ; et sans entrer en lice, sans encourir aucun risque, eût
consenti à se mettre en compte à demi, dans l'o-
pération de détruire son plus ancien allié, sous la
clause expresse d'être réinstallée dans les con-
quêtes de la révolution.

Sauf encore que quelques politiques avisés
par l'expérience , n'osassent craindre qu'après
avoir réussi sous nos auspices, dans ses dignes
fins, la Russie fût très peu empressée d'aliéner,
de trahir même et la Prusse et les Pays-Bas, afin
d'accomplir les obligations usuraires contractées
envers la France; et qu'en tout cas cet acte en-
taché en part égale et de noirceur et de lâcheté ,
appelant ainsi en double mesure, et le mépris et
la défiance, laissât la France isolée et proscrite
au milieu de l'Europe, la livrât sans appui, sans
secours, à la merci des interminables guerres que
le cours du Rhin déverserait sur elle, bien loin
de garantir sa sécurité.

La paix est faite. Et ce qui peine, ce qui touche le plus encore, ce n'est pas que l'Europe revienne au repos, rentre en harmonie : choses auxquelles on ne peut rien, sauf de lancer des cris à l'encontre. C'est surtout qu'il n'y ait pas trop moyen, ni en bonne justice, ni même en bonne raison, d'accuser le cabinet du 8 août, d'un traité du 14 septembre, passé à la distance de vingt jours de route, et certainement arrêté en principe devers le premier septembre.

Il faut accuser pourtant. N'a-t-on pas à commande le thême de l'évacuation de la Morée, que ce benêt ou ce malin de Moniteur a justement annoncée, à deux lignes d'intervalle de l'annonce de la paix.

« Nous évacuons la Morée : nous laissons la
« Russie maîtresse ; nous laissons les Grecs es-
« claves ; nous perdons le fruit de tant de sacri-
« fices, etc. »

Voilà ce qu'on écrit : seulement on omet de dire que ces sacrifices s'élèvent, en espèces, à cinquante millions, et chose innappréciable, en existences, à trois mille au moins : on omet de dire que ces sacrifices ont été commandés au ministère d'alors, qui ne présumait pas assez de ses ressources, qui se reposait trop sur les promesses.

On ose donc parler de la Morée. Eh! grand Dieu, c'est l'envahissement, non pas l'évacuation qui est à blâmer, à déplorer.

Reprenons les faits de plus haut; remontons jusqu'au principe.

Il est vrai, une peuplade conquise, asservie, maltraitée, reste dans la plénitude de ses droits. Là où la chaîne sert de loi, la chaîne étant brisée, la loi est détruite : et la peuplade ne se révolte pas; elle se relève seulement : de la part de l'esclave, la guerre est défensive, jamais offensive.

Mais la justice n'a pas coutume de décerner le triomphe : qu'on attende que la force naisse, que l'occasion s'offre. C'est folie de se battre pour se faire battre.

Aussi, dix années d'insurrection ont porté plus de mal que n'en eût causé une tyrannie de cent ans : cent années de paix ne répareront pas le mal qu'a entraîné une guerre de dix ans.

Malheur donc à ceux qui ont suscité le feu, encore caché sous les cendres, qui l'ont alimenté par des espérances précoces, qui l'ont propagé en dépit des plus sanglantes leçons, qui ont soufflé et poussé l'incendie au point de forcer enfin la main à des Etats que retenait la prudence, et dont la puissance ne pouvait revenir sur le passé.

Malheur mille et mille fois.

Et l'exécution du patriarche grec, des familles phanariotes, et l'expulsion violente des Arméniens catholiques, et la conflagration de la florissante Scio, et la dévastation de la valeureuse Candie, et l'extermination aux trois quarts peut-être, des habitans de la Morée, et la persécution des chrétiens grecs dans tout l'empire, et si l'on veut bien croire que c'est aussi du sang humain qui coule sous la robe du Mahométan, la monstrueuse mitraillade des Janissaires.

Car on ne sait quel sentiment, empêche de porter en ligne, la destruction totale des escadres turcs et égyptiennes, sous les coups de la foudre la plus inopinée, la plus irrésistible.

Tout cela retombe sur eux.

Et comme le mal engendre le mal, il a fallu que l'expédition de Morée vint couronner tant de désastres étrangers, par une grande calamité nationale.

Ici le bon droit, le bon sens, ont été également violés.

Comment! vous êtes alliés de la Turquie, et vous vous faites auxiliaires de la Russie.

Vous êtes les plus vieux amis de la Porte, et vous la traitez avec d'autant plus de dûreté.

Vous vous défiez de l'Angleterre, et vous l'appelez à vous remplacer dans les coeurs.

Vous tenez à votre commerce et vous repoussez la tendance des goûts, des habitudes.

Vous savez que le traité d'évacuation a été conclu, et vous jetez au loin, en pure perte, une armée.

Or, tout est consommé; car le Turc aime ou hait à jamais.

On ose encore parler de la Morée. Apparemment ces gens,

Ont su se faire un front qui ne rougit jamais.

Cessons de réfuter et surtout gardons-nous de condamner.

Qui ne sait comment la tribune, la presse portent l'ivresse dans les sens et dépouillent l'esprit de toute règle, de toute mesure.

Il faut parler, il faut écrire : songez plutôt ce que deviendraient ces masses presque inanimées, qui n'entendent rien aux choses, si elles n'entendaient plus de phrases. Voyez comment elles s'endormiraient du sommeil de la morne ignorance, si elles n'étaient tenues éveillées par le fracas des mensonges.

Gardons-nous de condamner. Encore la plume craint peu de se salir, de se souiller de quelques taches, qu'avant la fin du jour, l'oubli doit effacer, emporter.

La pensée est toute autre et reste pure ; on est Français : la sottise, la perfidie, la lâcheté ne sont pas du pays.

« Tout ce que fera la France pour conserver
« la paix à des conditions honorables, sera digne
« d'éloges : on conçoit que dans cet intérêt, la
« France puisse un moment unir ses efforts à ceux
« de l'Angleterre et de l'Autriche. » (M. LA-
FITTE , 1828.)

« L'Angleterre et l'Autriche composent le parti
« stationnaire; quant à la Russie, la Prusse, les
« Pays-Bas, ces puissances ont besoin de mou-
« vement pour s'agrandir. » (Le Globe, 26 août
1827.)

« Si la France se prononçait contre des puis-
« sances qui n'auront jamais à lui contester ses
« limites naturelles , ceux qui lui feraient com-
« mettre cette faute seraient des traîtres. »
(M. LAFITTE.)

« Je suis convaincu que M. de Polignac cherche
« vainement ce qu'on peut lui reprocher.... Est-ce
« donc un crime envers la France que de vou-
« loir mettre un terme aux agrandissemens de la
« Russie? Est-ce trahir la patrie que de l'engager
« dans une alliance qui lui donnerait pour adver-
« saires, les deux seuls Etats aux dépens desquels
« elle puisse étendre ses frontières. » (Le Globe.)

A deux fois, c'est dire la vérité ; et suivant un

privilège qui n'est attribué qu'à elle, son évidence ne se manifeste jamais mieux qu'en peu de mots, ne devient jamais équivoque que dans le dédale des discours.

La Russie n'a point de terme à ses agrandissemens ; la Prusse et les Pays-Bas ont besoin de s'agrandir.

Et dans ces puissances intimement alliées, les deux dernières sont celles qui ont à contester à la France ses limites naturelles, sont celles aux dépens desquelles elle peut étendre ses frontières.

L'Angleterre et l'Autriche n'ont rien à nous contester ; de plus elles sont stationnaires.

Et si la France veut rester stationnaire, leur alliance est vraiment simpathique ; si elle entend redevenir conquérante, leur neutralité n'est pas inespérée.

N'est-ce pas décisif ?

L'Europe contient quatre puissances continentales, et une puissance maritime : les unes dont la fortune et l'existence même dépendent, à des degrés différens, du cours des évènemens politiques ; l'autre qui est couverte par les mers, qui est libre de se tenir à l'écart ou de prendre tel parti, toujours sans risque, souvent avec profit.

C'est l'Angleterre, puissance vraiment d'exception : on conçoit qu'étant garantie de l'envahissement, son influence est d'un grand poids, que n'ayant point à s'agrandir, toute défiance est sans motif : il n'y a rien à craindre d'elle sous les rapports politiques; il y aurait plutôt à espérer d'elle, au moyen de quelques avantages commerciaux.

Ensuite se présentent, le royaume de France, qui tient à sa merci l'Autriche sur le Pô, la Prusse sur le Rhin, sauf que leur inimitié invétérée ne tourne subitement en intimité, qui demeure hors de tout péril, sauf que sa politique ne fraie la route aux armées russes, ou que l'anarchie n'offre sa conquête au premier venu;

L'empire d'Autriche, dont le noyau consolidé par la plus haute prudence, est chargé maintenant d'adhérences peu solides, et qu'épouvante toute crise, mais aussi qui inspire la crainte, en même temps qu'il l'éprouve;

L'Etat de Prusse, formé de pièces rapportées et mal jointes, que maintient jusqu'à présent un art merveilleux, et que l'effroi d'être brisé au premier choc, rattache à une puissance qui le protège pour l'instant, se réservant de l'assujétir un jour;

La nation russe à peine naissante, et qui grandit, qui se fortifie, tandis que tous les autres peuples n'ont plus qu'à déchoir; qui attend seulement, pour achever ses destinées déja ébauchées, que la force morale, à l'aide du temps, vienne mettre en œuvre la force matérielle.

A peine faut-il parler de la race turque, isolée de la chrétienté, anomale au dix-neuvième siècle, qui n'est maintenue que par le fait des réactions mutuelles, dont la conquête est promise à quelque entreprise audacieuse, ou à des combinaisons diplomatiques.

Mais qui donc demande ce que fera cette France, de toute part appelée et conviée à l'alliance, en tout temps aimée et respectée, à moins que le venin contagieux n'aille susciter le trouble dans son sein, et menacer d'une éruption au-dehors.

Qu'on demande plutôt où sont les traîtres qui lui feraient commettre la faute de se prononcer contre des puissances qui n'auront jamais à lui contester ses limites naturelles, l'Angleterre et l'Autriche.

Qu'on demande plutôt par quelles personnes, la patrie, enfin mise à l'abri d'être trahie, ne sera jamais engagée que dans une alliance qui lui donnerait pour adversaires, les deux seuls Etats aux dépens desquels elle puisse étendre ses frontières, la Prusse et les Pays-Bas(1).

----

(1) La sincère union des cabinets anglais et français n'est pas

2

seulement un bienfait pour l'Orient, mais encore pour l'Europe
entière. Tous deux placés à la tête de la civilisation, tous deux
également intéressés au maintien de la paix, aux progrès de la
prospérité, seront assez forts tant qu'ils resteront unis, pour di-
riger l'Europe et exercer leur influence sur l'Orient. (*Courrier de
Smyrne, Messager* du 28 août 1829).

C'est de l'Orient encor que nous vient la lumière.

EXTRAITS.

Devant la France vaincue sous le nom de l'usurpateur, triomphante en la personne de son Roi, comme par miracle, les haines s'éteignent : il ne survit que des craintes.

Deux périls capitaux menacent, à moins que la civilisation entrant sous un orbite nouveau, ne soit plus soumise aux phâses de l'enfance, de l'adolescence, de la virilité, de la décrépitude.

D'une part, les peuples du Nord, jeunes en fait de force native, et vieux par l'effet des lumières empruntées, sont voués plus que jamais à dompter les peuples du Midi.

De l'autre, des nations surchargées d'années et blasées de jouissances, s'agitent et se tourmentent au hasard, imaginant, ce semble, qu'au déclin de leur cours, doit apparaître l'aurore de la régénération.

Et de ces périls, l'un ou l'autre éclatera inévitablement, tous deux se succéderont probablement, en sorte que l'art de la politique s'applique surtout à se prémunir contre le plus imminent.

Dès lors il n'y a point de question, car la mémoire brûlante consume le germe de la pensée : c'est l'esprit révolutionnaire qui frappe seul, qui absorbe en entier.

Aussi la Sainte-Alliance n'eut pour motif que de réprimer les troubles, de conserver l'ordre, de maintenir le *statu quo.*

Telle fut la préoccupation générale, que tous les cabinets se soumirent à recevoir la direction de celui-là même, dont une seule parole disposait des forces et des lumières du Nord.

Personnellement et momentanément, il n'y avait rien à craindre ; mais les hommes meurent et les temps naissent ; la chaîne d'union se change en un joug d'esclavage.

L'Angleterre qui, retenue par la forme de son gouvernement, n'avait pu donner une adhésion officielle, y songe la première ; et sans rompre les relations, se tient à l'écart, se met en mesure.

Bientôt l'Autriche plus exposée encore aux risques de la guerre que de la révolte, après avoir étouffé l'insurrection de Naples, s'ouvre aux mêmes pensées, s'occupe en secret à relâcher les liens de l'alliance, se prépare à prendre une allure indépendante.

Il ne faut pas parler de la France, que la force des choses obligea, dans les premiers temps, à jouer un rôle passif, qu'ensuite la faiblesse du cabinet condamna à jouer un rôle servile.

En cette manière, l'ascendant suprême d'Alexandre, se trouva peu à peu amoindri, puis anéanti ; l'être de la Sainte-Alliance, auquel il soufflait l'esprit de vie, n'offrit plus qu'un sec et morne squelette.

. . . .

Le salut de l'Europe monarchique tient à la paix générale, laquelle ne peut être maintenue que par l'accord des puissances prépondérantes, soit qu'il plaise de le désigner sous le titre de la Sainte-Alliance, ou comme aux vieux temps, sous le simple nom de pacte diplomatique.

De ces puissances, il faut extraire la Russie, comme n'étant pas menacée d'un risque immédiat, et de plus, comme suscitant des craintes naturelles; puis la Prusse, que sa construction factice et sa situation équivoque, enchaînent à la neutralité.

Dans les trois Etats qui restent, l'Angleterre intacte et compacte, est essentiellement appelée à jouer un rôle principal: mais seule à vouloir, elle révolterait les esprits; et seule à agir, elle épuiserait ses forces.

Il lui faut un Etat collègue, qui soit de puissance équivalente, qui ait des intérêts analogues, qui ne puisse ni la craindre ni s'en faire craindre.

C'était la France, par la force des faits; c'est l'Autriche d'après le refus de la France.

Quant à l'Autriche, les accidens de sa conformation anomale et hétérogène, ont produit par l'effet de la réaction des esprits contre le péril des choses, cette merveilleuse organisation morale, qui rallie tout ce qui était isolé ou divisé.

Tandis qu'en France, le privilège de sécurité et de quiétude ce semble attaché à sa constitution géographique, n'offrant à la vue aucun danger, et endormant sur les revers de l'avenir, le gouvernement s'est laissé de tout temps, balotter entre l'anarchie et l'arbitraire, s'est laissé dépouiller de toute influence politique.

La France ayant donné sa démission, l'Autriche se présente en remplacement.

. . . .

En Autriche, l'opinion et le gouvernement se confondent dans un sentiment commun ; en Angleterre, l'opinion naturellement ardente, contrastant avec le gouvernement le plus réfléchi, en même raison, l'oblige à garder des ménagemens et l'engage à renforcer ses sécurités.

Car d'autant que le char est vivement lancé sur une pente rapide, et côtoie de près les bords de l'abîme, d'autant le cocher inquiet s'empresse et s'efforce à tenir les rênes hautes.

De plus, il existe en ce pays une nécessité de la plus haute sorte, rien moins que la nécessité de vivre, laquelle, attendu que la balance est rompue entre les divers emplois du travail, ne peut se satisfaire que par l'artifice de la politique mercantille, ainsi qu'elle est dénommée.

Or, si le continent était troublé par des crises violentes, cette politique mercantille serait tout-à-coup dépourvue de ses ressources habituelles, serait surtout trahie dans ses espérances, depuis qu'elle a été contrainte à faire l'essai périlleux d'un système libéral.

Tellement que l'Angleterre est enchaînée au maintien du *statu quo* en Europe, y est autant et plus intéressée par son état social, par son intérêt commercial, que n'est l'Autriche même par les besoins et les habitudes monarchiques.

Il n'y a plus que les cabinets de Londres et de Vienne ; c'est à eux seulement, à l'un et à l'autre également, que tout est dû.

. . . .

Depuis un demi-siècle, deux diplomates se sont montrés en Europe : Pitt et Metternich.

Pitt lui-même, dont le renom transcendant emportait l'opinion publique, s'est trompé en faisant à la révolution, puis à l'usurpation, une guerre permanente qui irritait et ralliait les esprits, au lieu que des hostilités entrecoupées les eussent abattus et divisés.

Et Metternich, dont la profonde politique domine les conseils de l'étranger, est peut-être à la veille de se tromper, en tenant obstinément au maintien absolu du *statu quo* de l'Orient, lequel est attaqué par des causes de jour en jour plus actives, plus puissantes.

En général (et c'est ici que réside le principe des erreurs de Pitt et de Metternich), les ministres se tiennent trop renfermés, trop confinés, tout au plus se rendant compte de l'état du pays, dont l'aspect les frappe d'effroi, et ne prenant point une juste idée des circonstances extérieures qui portent des présages menaçans.

En général, les ministres, comme s'ils étaient possédés de quelque noir pressentiment, comme s'ils redoutaient que le premier pas fût un faux pas, entraînant vers la ruine, se bornent à des mesures évasives et palliatives, dilatoires et comminatoires, se réfèrent, dans leur terreur panique, aux arrêts du sort, si avare de faveurs, si prodigue en désastres.

Des exceptions diversement motivées ont eu lieu à l'égard de la France, de Naples et de l'Espagne, sans faire règle.

Quant à la péninsule, la vue ne perce point, ne saisit rien sous cet horizon chargé de brumes épaisses qui couvent le germe des tempêtes ; quant à l'Orient, le siège du péril apparaît comme dans un autre monde, l'immensité du péril s'oppose à ce qu'il soit franchement abordé , roidement exploré.

Au nord de l'empire turc, une révolte éclate , que n'appuient pas les peuples , que n'appouve pas un Etat voisin ; elle s'éteint aussitôt , et cependant les flamèches de ce feu de paille , portées sur les ailes de la renommée, allument au sein des matières combustibles amassées dans le midi , un incendie indomptable.

La Morée soumise depuis peu de temps, plus d'une fois soulevée , et toujours se confiant dans la Russie, s'insurge franchement, se défend vaillamment, s'honore dans la mémoire des hommes.

L'Europe, encore inquiète et frappée de la coïncidence de l'évènement avec les rébellions de Cadix et Naples, n'y voit qu'un effet de la même cause, tandis que l'Autriche s'efforce à appaiser le mouvement, à rétablir le calme, soutenant la Turquie, par cela seul que de ce bord les chances lui semblent plus favorables.

Mais le cri du sang s'élève : les peuples plus sensibles que prudents, sont émus ; l'opinion assiège les trônes, envahit les cabinets. Qui peut lui résister ?

Ainsi la politique entraînée, enlevée, violée pour ainsi dire, obéit au lieu d'ordonner, agit avant d'observer, et fabrique des phrases en guise d'armes, triomphe d'avance en imagination.

Déplorable méprise! Ici, la langue diplomatique n'a point de sens; le papier n'y fait effet qu'en servant de bourre au canon.

De là les regrets, les craintes tourmentent de toutes parts.

. . . .

Le cabinet autrichien, en se montrant contraire à la cause des Grecs, n'était inspiré dans les premiers temps que par le désir inhérent à sa position, d'étouffer l'insurrection naissante; et depuis, en se refusant à faire partie de l'alliance protectrice, fut déterminé surtout par l'espoir d'exercer à Constantinople une influence conciliatrice.

Les cabinets de Londres et de Paris commirent deux graves erreurs : leur conduite dénonce un étrange alliage de confiance aveugle en l'évènement et de craintes prématurées envers la Russie, tellement qu'ils ne déployèrent pas des forces imposantes, et s'opposèrent au déploiement des siennes.

L'Autriche se trompa sur l'ascendant de ses conseils auprès du sultan, de même que l'Angleterre et la France se trompaient, quant à la soumission à leurs volontés : celles-ci oubliant trop que le fanatisme, incapable de voir et d'entendre, se décide par des mouvemens instinctifs plutôt que réfléchis; celle-là ignorant encore que, sous le titre banal de Francs ou d'infidèles, les Ottomans confondent tous les peuples chrétiens dans leurs haines, dans leurs défiances.

Les dernières instances de l'Autriche, au lieu de transmettre la persuasion, ont porté à ces esprits grossiers qui ne s'aperçoivent pas des motifs de son changement, au moins quelque vague idée de la trahison de cette ancienne alliée, de sa coalition avec leurs ennemis; en sorte que la participation effective aux projets des trois puissances ne lui aurait pas fait plus de tort devant eux et aurait fait plus d'effet sur eux.

C'était par là qu'il fallait commencer ; c'est là où il faudra revenir.

. . . .

Voilà ce qui parlera aux Turcs, ce qui forcera l'entrée des têtes, ce qui emportera la détermination. Seulement il faut que ces choses soient dites, non par l'intermédiaire trop souvent rebuté du langage , mais par l'expression toujours accueillie, du fait, de l'acte.

Et grace à Dieu, il suffira que l'acte s'annonce sans s'accomplir, que le fait se manifeste sans se réaliser.

La politique n'est que l'art des promesses et des menaces, d'où proviennent l'espoir ou la crainte, et de là l'accord. Ailleurs , tout se règle par des négociations, entre les intelligences plus ou moins expertes ; ici, des sens obtus et mornes ne seront frappés que par des démonstrations ostensibles, matérielles.

Que les mers se couvrent de vaisseaux, que les frontières soient garnies de troupes : et assiégée en Europe, inquiétée en Asie, séparée de ses provinces , dépouillée de ses subsistances, n'ayant plus les janissaires et n'ayant pas encore de troupes régulières, chaque jour apprenant quelque révolte, de toutes parts soupçonnant des complots, la Porte ottomane ; déja préparée par les prophéties à son expulsion de l'Europe et toujours disposée à voir dans la nécessité, l'arrêt des destins, se résignera, se soumettra.

Mais il faut frapper un grand coup, frapper d'un seul

coup, car les caractères turcs, francs et loyaux de nature, défians et rusés d'occasion, se rendent sur-le-
champ ou ne cèdent qu'à l'extrémité.

Les puissances unies auront à faire un appel à l'Autriche. Si elle se montre en ligne, tout est réglé ; si elle se
tient à l'écart, en arrière, rien ne réussit.

. . . .

L'Autriche consentira-t-elle à entrer dans l'alliance,
à faire cause commune avec les puissances ? Il n'y a que
cette question, que cette objection : et résoudre l'une, détruire l'autre, si la force des temps n'y est déja parve-
nue, appartient à la force des conseils, des menaces, des
armes au besoin. . . . .

Si l'inertie de cet empire allait opérer une coupure à
la ligne de circonvallation, si elle laissait une brèche ouverte dans les travaux du blocus, il n'y aurait plus qu'à
comprendre ses possessions au-dedans de cette ligne,
qu'à reculer et fixer le blocus en-deçà de ses frontières
même. Les Russes autour de la Galicie, les Prussiens en
face de la Bohême, les Bavarois sur les flancs de l'Autriche,
les Piémontais à dos de l'Italie, restant dans leur position
naturelle, sans peine, sans risque, accompliraient la mis-
sion tutélaire.

Mesures pénibles, sans doute, auxquelles la triple
alliance ne se livrerait qu'avec le profond regret d'avoir
entrepris l'œuvre de l'affranchissement, avant de s'être
mise en accord avec toute la chrétienté, et sans être con-
venue d'un développement de forces, qui dût enlever
d'emblée, la victoire.

Mais tout acte produit des effets, tout fait porte des

suites, toujours analogues au principe de l'acte, à la nature du fait : et quand l'acte a été accompli, quand le fait est consommé, il n'y a plus à revenir sur l'erreur des conceptions ; il ne reste qu'à subir les effets, à se résigner aux suites ; sauf qu'une forte et prompte résolution n'en délivre.

L'Europe en est là : la vanité des espoirs, l'insanité des plans, l'ont conduite jusqu'aux bords de l'abîme : maintenant tout est effroi, tout est péril.

Il faut régler, finir : il faut que de force ou de gré la chrétienté entière s'unisse en un seul vœu, s'avance d'un seul pas. Le triomphe, le salut sont à ce prix.

. . . .

L'affranchissement des Grecs ne devait pas être tenté, avant d'avoir acquis la plus parfaite sécurité, quant à l'harmonie constante des alliés et quant au developpement complet de leurs forces : moins encore afin de ne laisser nul doute sur l'issue de la lutte étrangère, qu'afin de ne pas donner ouverture à des complots intérieurs. Car vis-à-vis d'un bien incertain et limité, se présentait un mal évident, indéfini.

Maintenant les réflexions sont hors de propos. Le péril de s'avancer ne menace, qu'en tant qu'il amène le péril de se retirer ; si toute entreprise, toute action sont à craindre, c'est que par la faiblesse du caractère ou par la force des résistances, il peut s'ensuivre quelques revers, quelque recul, dont l'ennemi ne manquerait pas de profiter.

Ici, qui se trompe se perd. L'Europe est entrée dans une ère climatérique, qui s'ouvrit par la révolution de

France, qui aboutira à la dissolution de la société : et les gens à vue courte, à vue trouble, sont insensés au même degré, en n'apercevant dans cette crise qu'un épisode fortuit, en se promettant à son terme, un dénouement prospère.

Au midi, la Lombardie et Venise et Gênes, tout à coup changés de régime, impatiens du joug nouveau, attendent : au centre, la Prusse et la Belgique, presque toute l'Allemagne, travaillées d'idées, disposées de vœux, peut-être ralliées de plans, espèrent.

La Péninsule, abandonnée à son mauvais sort, agitée en des sens divers, ne peut tenir dans la ligne actuelle, ne sait par quelle voie en sortir.

Et l'empire de France, qui fut le premier à se mettre en mouvement, qui devait le premier rentrer au repos ; où les têtes aussi vaines que vides, et antipathiques au vrai, au juste, surtout au possible, se perdent dans les nues, se troublent devant des ombres : l'empire de France, hélas ! reste à la merci du hasard, tombe en proie à l'occasion.

Aussi dans la nouvelle croisade, il faut triompher, triompher d'emblée.

De même que les énormes bancs de sable qu'amoncela un fleuve enflé et emporté par quelque violente crue d'eau, sont peu à peu rongés et aplanis au retour de son action régulière; ainsi les positions politiques qui ont été formées par accident, à contre-sens de l'ordre naturel, se voient attaquées et enlevées par les efforts réitérés du temps.

Et le temps même, comme s'il entendait préparer une pâture appropriée à sa rage insatiable de destruction, aura créé successivement, depuis l'origine de cet état des choses, au-dedans comme au-dehors de ces positions équivoques, des existences de diverses sortes , enfin consolidées.

Telle est l'image de la puissance ottomane, gardée par une milice hautaine et jetée au milieu d'une population asservie : en la battant en brèche, il y a à trembler que les coups, non sans l'ébranler, ne retombent sur d'innocentes victimes. En montant à l'assaut, il est à craindre que l'étendard ne puisse se planter solidement que sur la tombe du dernier des croyans.

L'embarras n'est pas de combattre et vaincre, mais de soumettre, de subjuguer ; cette lutte plus ou moins pénible, plus ou moins prolongée, va se passer en plein champ, à la clarté du jour, va se décider entre les forces matérielles, par le poids des bras, si l'on peut parler ainsi. Et, le pays est ouvert , le sol est parcouru ; les chants de triomphe circulent librement dans les airs silencieux.

Bientôt tout change de face : sous l'ombre, au secret des foyers, les forces renaissent, le poids des bras est apprécié. Partout les résistances se rencontrent, les embûches se trament, les complots éclatent ; la terre tremble sous le pied imprudent ; les airs couvent de vindicatives clameurs.

La cause des habitans de la Morée et des îles, prenant un caractère de passion dans les nobles cœurs, et présentant une occasion tentante aux factions politiques, n'a été encore saisie que sous une seule face, même par les gouvernemens, qui, au lieu de se décider d'après un jugement réfléchi, ont cédé aux cris tumultueux de l'opinion.

En Europe, la moitié de la population de l'empire, et en Asie, le tiers ou le quart, est composé de Grecs, plus souvent habitant la campagne, généralement exposés aux dédains et soumis aux avanies, cependant jouissant de quelque aisance, d'une certaine liberté.

Quant à la culture des terres et à l'exercice des métiers, les Grecs sont les nourriciers de leurs maîtres ; mais le fanatisme ne calcule pas : et le mépris se charge de lui désigner les victimes ; la défiance l'engage à étouffer le péril en son germe.

Or, la passion, les factions qui ne calculent pas davantage, en travaillant au salut d'une peuplade isolée, ont compromis ou du moins compromettraient la vie, la fortune, la sécurité de la nation entière.

Rompus aux habitudes serviles, relégués dans l'enceinte de la famille, dispersés sur le territoire, dépourvus d'armes, de forteresses, les Grecs surpris à l'improviste ne sauraient se défendre.

Et l'Europe aurait dressé les autels du sacrifice, devrait assister au plus épouvantable holocauste, si ses démarches incertaines, incomplètes, allumaient et propageaient la colère, sans porter, sans répandre la terreur.

. . . .

Pour ceux qui ont étudié dans l'histoire, la marche irrésistible de la nature humaine, ou seulement qui ne ferment pas les yeux sur la tendance manifeste de la société européenne, à l'égard de l'empire ottoman, sous peu d'années, tout est consommé.

La diffusion des lumières, la multiplicité des relations parmi les Grecs, et suivant que la Morée aura été délivrée ou asservie, l'entraînement des espérances ou des vengeances, causes déterminantes, auxquelles l'excitation transmise par leurs frères de Russie, et l'électrisation propagée par les peuples du continent, viendront souffler une énergie nouvelle, annoncent, amènent le prochain dénoûment.

Il ne s'agit point de peser dans les balances tremblantes d'une politique abstraite, si c'est un bien ou un mal; c'est un fait que commande la fatalité, que détermine la nécessité.

Seulement l'œuvre s'accomplira régulièrement et paisiblement, ou elle sera poursuivie violemment, péniblement; selon que les cabinets en prendront la charge et travailleront de concert, ou que la tâche sera délaissée aux insurrections du pays, aux irruptions du Nord.

. . . .

A travers les conflits embrouillés de l'envie, de la défiance, de la convoitise, les empires de l'est seraient fort embarrassés à former un loyal accord; et cependant, soit au-dedans de leurs Etats, soit au sein de la Turquie, des troubles imprévus, des crises incomplètes en se développant, les forceraient d'agir contre leurs vœux, ou les empêcheraient d'agir selon leurs desseins.

Autant et plus puissans que ces empires, les royaumes de l'Ouest que le débat intéresse plutôt sous le rapport de la sécurité sociale que de la cupidité nationale, sont invités à dicter la loi; au besoin contenant la Russie, contraignant l'Autriche, et, en tous cas, leur offrant à toutes deux des garanties inviolables.

L'empire russe, à peine entrant en adolescence, et tenant de cet âge, l'énergie des passions ainsi que la faiblesse des facultés, serait repoussé de la sphère de la civilisation, où il s'élance avec ardeur, serait relégué sous les ténèbres de la barbarie, dont il s'indigne noblement, si ses relations avec l'Angleterre étaient rompues, si ses communications étaient coupées par l'Angleterre.

Et ses frontières vulnérables, la Finlande, la Pologne, les provinces du Caucase, se verraient inquiétées et envahies au premier signal de cette puissance.

L'empire autrichien dont la vieillesse, admirablement voilée par l'art de la prudence, sous les apparences de l'âge mur, couve cependant le principe inhérent de dissolution, tremblant devant tout changement, répugnant à tout mouvement; en Allemagne comme en Lombardie, vit dans les transes, sous le coup de l'épée française et du sabre prussien.

Les deux empires sont à la merci des deux royaumes : ceux-ci ne risquant dans la lutte que des hommes et des écus; ceux-là jouant leur existence même.

. . . .

Chose miraculeuse ! aux confins de l'ancien continent, à l'entrée de l'Océan atlantique, sont assises, sont fixées, deux nations, qui entr'elles se sont toujours estimées,

puisqu'elles se craignaient, se haïssaient tant ; et qui vis-
à-vis des autres, gardent le niveau en forces matérielles,
dépassent le pair en facultés morales ; celle-là qu'il n'y a
moyen d'assaillir par terre qu'après l'avoir écrasée sur ses
mers ; celle-ci qu'il faudrait rejeter dans la mer plutôt que
de la dompter sur ses terres.

Auprès d'elles, en arrière d'elles, gisent des Etats en
nombre, d'origine récente, de forme diverse, de puissance inégale, inquiets et défians dans leurs mutuelles relations ; dont l'existence équivoque doit subir le joug de
la conquête ou s'évanouir au bruit d'une émeute.

C'est la faiblesse et la force. Le besoin invoque le secours ; le pouvoir impose le devoir. Pour son salut même,
la minorité doit être mise en tutelle.

Qu'on y prenne garde ! Si la France et l'Angleterre,
faute d'apprécier leurs moyens et de consacrer leur
alliance, se refusent à la tâche ou échouent dans l'entreprise ; un jour ou l'autre, les crises déréglées de la société
européenne viendront les agiter elles-mêmes, les aliéner
entr'elles, les entraîner dans la lice ; mais sous le rôle
d'auxiliaires et non plus d'arbitres, mais pour le soutien
de la lutte et non pour le maintien de l'équilibre.

« La France et l'Angleterre, puissances dominantes sur
la terre et les mers, puissances régulatrices de la paix,
de la guerre, qui n'ont rien à s'envier, qui n'ont point à
se craindre, et que menace un seul, un même ennemi,
le temps ; en restant unies, conjurent l'orage, en se divi-
sant, provoquent la foudre ; et sont prédestinées à se sauver ou se perdre ensemble, à sauver ou perdre avec elles
la monarchie, la civilisation même.

« L'Angleterre le sait.

« La France voudra-t-elle l'apprendre ? » (*La Politique Royaliste*, 1827.)

De même que les hommes, les peuples ne s'entendent jamais. Tantôt on se fait fort de son intention ; on prend repos sur sa conscience, sans se douter que l'intention n'éclate point au jour, que la conscience ne parle point au dehors.

Tantôt on prétend faire passer pour sa justification, quelque chance du sort, quelque effet de l'occasion, sans réfléchir, qu'au sens de ceux qui en ont souffert, le sort, l'occasion, ne semblent jamais qu'un résultat des plus profonds calculs.

Navarin en dit assez : évènement étrange sous des points de vue divers ! qui montra, ralliées sous le même drapeau, deux puissances ennemies de tout temps ; qui, au sein de la paix, sans l'ordre des cabinets, dans une rade ouverte, développa la plus affreuse scène.

Et Paris s'en fait gloire, n'appréciant ni la balance des forces, ni le poids des conséquences. Londres s'en afflige, n'osant exprimer le fond de sa pensée, se bornant à le désigner comme un fait défavorable (1).

Mais que dit Constantinople ?

---

(1) *Untowards*, qui est devenu plus tard un adjectif, provient originairement de l'adverbe *towards*, vers, devers, au-devant ; il exprime littéralement, non au-devant, pas en faveur, à la traverse.

Hélas ! la vanité qui devance, qui repousse la sagacité ; la vanité, signe caractéristique d'une civilisation bâtarde, ne l'aura appris que par la lecture du *Hatti Schériff*, improprement dénommé manifeste.

Navarin, Scio, l'ont dicté en entier, y sont gravés en traits de sang à chaque ligne.

Car Scio a aussi son langage ; là, les Turcs n'admettent pas davantage la banale excuse du hasard. Les vaisseaux alliés couvrent l'Archipel ; les puissances ont conjuré leur ruine ; la flotille grecque aura vogué sous de tels auspices.

Telle est l'intime conviction : brisez ces têtes d'airain, jamais elles ne s'amolliront.

Les suites sont connues ; une foule d'Arméniens déportés en Asie ; des hordes barbares débarquées en Europe : les Francs sous le coup de l'exil, les Grecs sous le tranchant du sabre !

. . . .

Or, la descente en Morée consacrerait l'opinion des Turcs sur les affaires de Navarin et de Scio, leur représenterait le troisième acte d'un plan systématique. Selon eux, cette flotte détruite, cette île enlevée, préparaient et protégeaient l'invasion de l'armée : contre des apparences aussi plausibles, nul raisonnement ne prévaut.

Qu'on apprenne donc à juger ses semblables d'après soi-même, et qu'on se rappelle comment les Anglais furent contens de l'assistance donnée à l'Amérique ; qu'on recherche s'ils seraient charmés d'une irruption subite sur les côtes d'Irlande.

Encore les Anglais conçoivent que des ennemis déclarés attaquent sur les points les plus sensibles ; ils entendent à un certain point que les Américains, les Irlandais, sont des hommes comme eux et seraient libres, seraient tyrans même, s'ils étaient les plus forts.

En Turquie, rien de tout cela. Lisez le document, étudiez le Koran; les Musulmans haïssent et méprisent les infidèles, se vantent de les passer par milliers au fil de l'épée, et d'offrir ainsi à leur prophète l'holocauste le plus agréable.

Dans leur conscience innée, il n'est pas selon la loi de Dieu, il n'est pas juste que les chrétiens jouissent de la liberté, de la fortune, de la vie, c'est par accident, pour l'instant seulement, que ces jouissances sont laissées aux Francs; quant aux Grecs, tant qu'ils restent esclaves, l'ordre éternel des destins s'accomplit.

. . . .

C'est une guerre expectante qui doit être faite; quelque opération subite, des applications violentes, jetteraient le patient dans une crise aiguë, dans un accès de fièvre, au terme duquel il périrait sans doute, mais non sans avoir semé de massacres, la route du tombeau.

Il faut mettre l'empire ottoman en état de blocus par mer et par terre.

Que le Bosphore soit hermétiquement fermé au nord comme au midi; que les mers de la Grèce soient sillonnées en tous sens par des croisières, en telle sorte qu'une flotte égyptienne ne vienne plus se livrer au feu des foudres navales, qu'une troupe insurgée n'aille plus attaquer une île turque, avec l'assentiment apparent des alliés, qu'enfin une cargaison d'esclaves ne traverse pas les mers, sous le vent des escadres européennes.

*

Peut-être un port à Rhodes, ou en Candie, devrait être enlevé pour favoriser les mouvemens, pour assurer le ravitaillement des flottes ; entreprise qui ne portera, aux yeux des Turcs, que le caractère d'une occupation militaire et non pas d'une combinaison politique.

De même sur les frontières de terre, la Valachie et la Moldavie attendent l'envahissement des Russes : mesure décisive, qui, plaçant la formidable armée du Nord sur les confins de l'empire, presque aux portes de la capitale, plus que toute autre encore, doit écraser l'orgueil, abattre l'entêtement sous les coups de la terreur.

De la part de l'ennemi naturel, à l'égard d'une manœuvre de guerre, si l'esprit est saisi d'effroi, le cœur ne se soulève pas, ne se révolte pas ; et la raison pèse les chances, prend un parti, à l'abri de l'influence perturbatrice de la passion.

. . . .

L'acte officiel de la cour ottomane éclaire enfin la question, jusque-là obscurcie par les fumées de la vanité diplomatique, tranche enfin la question jusque-là embrouillée par le conflit des rivalités nationales.

D'une part, l'opinion qui fut d'abord étonnée à l'excès, qui maintenant est à peine affectée, et bientôt sera tant épouvantée, va apprendre que l'espèce turque diffère fort de la race européenne, et comprendre que le fanatisme a sa force propre aussi bien que la discipline.

D'autre part, entre les Turcs et les Francs ; sans même en distraire l'Autriche, la défiance est établie à jamais, amenant l'aversion, entraînant la perfidie ; et entre les Turcs et les Grecs, la crainte domine désormais, propageant le soupçon, présumant des complots, commandant les rigueurs.

En cet état de choses, bien que l'expression soit dure à prononcer, pour le triomphe des couronnes alliées, pour le salut de la population grecque, il n'y a plus qu'à porter la terreur : puissance à laquelle obéit l'instinct tutélaire de l'existence, en dépit des plus vives répugnances.

. . . .

Le document turc n'est point un manifeste, une déclaration de guerre, mais seulement une proclamation aux Musulmans.

« Le livre sacré nous permet-il, par crainte de la guerre, de laisser fouler aux pieds notre religion ? .... Le but des infidèles étant d'anéantir l'islamisme, c'est une guerre religieuse et nationale.... Lors même que tous les infidèles, *qui ne sont tous qu'une nation*, se ligueraient contre nous, nous ne formerions qu'un corps.... Si les trois puissances, en nous voyant décidés à rejeter leurs vaines demandes, se désistent de l'affaire grecque, BIEN. »

Ce document n'était consacré qu'à préparer les peuples, laissant toujours aux puissances le choix entre la paix et la guerre : malgré, suivant ses propres termes, qu'elles eussent fait renoncer les Grecs à leur devoir, malgré qu'elles eussent empêché l'escadre ottomane de punir les rebelles, et rompu les traités, déclaré la guerre par l'attaque de Navarin.

Enfin, le document ne donne quelque prétexte à l'accusation de mauvaise foi , qu'en ce qu'il avoue avec naïveté, les ruses diplomatiques que, dans une telle crise, nul cabinet ne se serait épargnées, toutefois sans le reconnaître ainsi.

Or, les Turcs restent dans l'attente des évènemens, penchant davantage devers la crainte que vers l'espérance ; les Turcs se tiennent comme dans une trève de négociations , désirant d'en reprendre le cours, plutôt que d'en accepter la rupture : résignés à ce qui ne dépend pas d'eux, l'état de paix ou de guerre ; résolus à ce qui ressort d'eux seuls, le combat à outrance.

. . . .

La Russie envahit les principautés, aux applaudissemens de l'Europe, et certes la Russie a tort dans son ambition, comme l'Europe en ses dépits honteux.

La concorde existait entre elle et la Turquie, et la lenteur accoutumée de ce dernier État à accomplir ses obligations, ne donnaient lieu qu'à des échanges de notes.

Quelle est la cause du changement ? l'affaire des Grecs. D'où provient cette cause? des puissances alliées. Il faut partir de là.

La Turquie était inerte, est passive : l'affranchissement de la Grèce lui répugne, le carnage de Navarin l'afflige et l'irrite ; les desseins supposés de la Russie la frappent d'épouvante. Est-il rien de plus naturel?

Enfin elle se soulève, se révolte, si l'on veut ; le document porte la feinte menace, exprime la colère du désespoir, s'efforce à ranimer l'enthousiasme national pour la défense de l'empire. Dans la profonde, dans la permanente conviction des Turcs, le christianisme est conjuré contre l'islamisme ; fallait-il, les mains jointes et le genou en terre, se fier en la miséricorde du vainqueur?

Du reste, le document se plaint des secours donnés aux sujets rebelles et des traités imposés par la force des armes, avec cette seule différence que tout autre cabinet aurait chargé la vengeance, de porter les reproches !

Tout se rallie à l'affaire des Grecs ; et, sous ce rapport, l'aggression vient de la Russie et de ses alliés ; sous ce rapport, la Russie est engagée envers ses alliés.

Il n'y a donc nul motif valide à l'occupation des principautés, si ce n'est de concert avec les puissances, si ce n'est en faveur de la cause grecque ; et encore, sous ces conditions, une telle mesure, légitimée par les lois de l'humanité, est illicite suivant le code de la politique.

. . . .

Le cours de la civilisation se montre entre les divers Etats de l'Europe et au sein de chaque Etat, sous les phases les plus contrastantes, depuis les premiers termes jusqu'aux dernières fins de l'ordre social.

Précoce dans le nord, impétueuse au centre et arriérée dans le midi, partout elle possède sa sorte d'intelligence et prescrit son mode de langage ; en telle façon que non-seulement la parole, mais encore la pensée, moulées sous un type différent, ne concordent plus de l'une à l'autre région.

Or, dans cette confusion des langues qui rappelle la tour de Babel, les nations raffinées sont induites en erreur anssi sonvent que les peuplades grossières : chez celles-ci, la défiance, née, ainsi que parmi les paysans, de la conscience de l'infériorité ; chez celles-là, la vanité, issue, de même que parmi les parvenus, du sentiment de la suprématie, exposent également à mal juger et des choses et des hommes.

Ainsi, la pauvre Europe, avec des discours qui pourtant exprimaient loyalement ses intentions, s'imaginait mettre en repos les Turcs, quant aux desseins contre leur empire, et les amener à la justice, à la raison, au sujet de la liberté des Grecs.

Ainsi, la pauvre Europe tenait pour certain que le pacha d'Egypte, prêt à se révolter, n'obéirait point aux ordres de la Porte, ne résisterait pas aux offres de l'indépendance ; que la bataille de Navarin avait été bientôt justifiée aux yeux du divan, et avait abattu à jamais l'orgueil et l'audace des Ottomans ; enfin, qu'en tout cas, l'affranchissement de la Grèce, obtenu par les douces voies de la persuasion, ne serait qu'un épisode insignifiant du drame politique qui doit se dénouer en Orient.

Conceptions inouies en absurdité, dont le désappointement a éclaté par une crise de surprise et de colère à la lecture du document turc.

Et comme la vanité enfin détrompée de tant d'illusions, qui ne peut dissimuler ses mécomptes ni à la conscience, ni à la critique, cherche du moins à s'en venger, à faire porter la peine à ceux qui y ont donné lieu, on verra l'Europe, d'une voix presque unanime, s'élever contre la résistance si naturelle des Turcs, accuser de fraude et de perfidie leur politique plus loyale que toute autre, et soutenir qu'une proclamation constitue une déclaration de guerre; que des plaintes sur le traité d'Ackermann équivalent à sa violation; que le renouvellement de la guerre de Perse est l'effet d'une intrigue musulmane.

Si bien que la Russie se voit dûment autorisée à envahir, à conquérir la Turquie, pour peu qu'elle ait omis de lire dans le document, ces mots mémorables: *Si les puissances se désistent au sujet de l'affaire grecque*, BIEN !

———

La Péninsule en tutelle ;
Le sort de l'Orient ;
Le sort de l'Orient (suite) ;
La paix de l'Europe.

(Janvier et mars 1828.)

[illegible] que des plaintes sur le [illegible]
[illegible] plaintes sur le plus [illegible] la plus
de Rose est l'effet d'une intrigue amoureuse.
[illegible] que la Rose ne soit Ramet entraîné [illegible]
l'Evêque de Rhin, [illegible] pour [illegible] quelque émule de lui,
[illegible] le décoreront, comme remarquables. Si les paroles en
[illegible] au sujet de l'affaire [illegible]. Paris.

. . . .

[illegible signature block]